HEURES DE SOUFFRANCE

HEURES

DE SOUFFRANCE

POÉSIES POSTHUMES

DE

LOUIS MORIN PONS

Je ne chante ni l'espérance,
Ni la gloire, ni le bonheur...
A. DE MUSSET.

LYON
IMPRIMERIE ALF. LOUIS PERRIN ET MARINET
Rue d'Amboise, 6

1879

HEURES DE SOUFFRANCE

LE RÊVE

'autre jour je rêvais, je rêvais tristement ;
Assis sur le sommet d'une haute montagne,
Je pouvais à mon gré contempler la campagne
Ou suivre au loin la mer & le flot écumant.

Sur la rive, un navire à la riche parure
N'attendait qu'un signal pour défier le sort ;
Le vent semblait vouloir délier sa voilure,
Le pilote trouvait le temps long sur le port...

Alors on entendit, des montagnes lointaines,
S'élancer vers la mer comme un essaim joyeux ;
Des couronnes au front & de fleurs les mains pleines,
Il semblait voir voler des anges radieux !

Des enfants doux & blonds, heureux comme leur âge,
Précédaient en riant le cortége enchanté,
Et dans des coupes d'or agitant leur breuvage,
D'autres vantaient le jeu, la danse & la beauté.

Ils dirent au pilote : « Entends notre prière,
Nous sommes le Bonheur, & l'Ivresse, & l'Amour,
Tout ce que l'homme cherche & tout ce qu'il espère;
Nous voulons à jamais, tous, quitter cette terre,
Veux-tu nous emmener bien loin & sans retour? »

— « O fantômes charmants, ô troupe bien-venue,
Entrez, ma barque est prête & nous quittons le port;
Mais n'oubliez-vous point quelque joie inconnue,
Là-bas, dans la vallée ou sur les monts perdue,
Voulez-vous l'appeler & dois-je attendre encor? »

— « Non, non! nulle de nous n'est restée en arrière,
Lève l'ancre & partons! Vite, nous voulons fuir! »
Un vent propice & frais exauça leur prière...
O Délices du Monde, ô Charme de la Terre,
Vous avez disparu pour ne plus revenir!

D'après UHLAND.

DES AILES

A E...

Par un soir d'hiver ou d'été,
Rêvant des amours éternelles,
Avez-vous parfois souhaité,
Comme un oiseau, d'avoir des ailes?

Et si, connaissant votre cœur,
Le bon ange qui toujours veille,
A votre rêve de bonheur,
Pensif, avait prêté l'oreille;

Si son aile vous avait pris
Pour vous emporter dans l'espace,
En vous disant : « Je t'ai compris,
« De ton rêve je sais la trace... »

Où donc t'aurait-il emporté,
Dis-moi, frère, amant ou poëte,
Le bon ange tant souhaité
Qui n'apparaît qu'aux jours de fête?

Eſt-ce à ces ſommets radieux
Eclairant les hautes montagnes?
Eſt-ce dans les vertes campagnes
Dont le velours charme les yeux?

Eſt-ce à la rive poétique,
Où le travailleur obſtiné
Voit de la palme académique
Son front pâle enfin couronné?

Ou bien ſur les flots du Pactole,
Où l'homme battu par le ſort,
Croyant qu'un peu d'or nous conſole,
Cherche le ſalut ou la mort?...

. . . .

Pour moi, bon ange, ſi tu veilles,
Si mon doux rêve de bonheur,
Si le rêve ardent de mes veilles
Trouve grâce devant ton cœur,

Au pays où ma bien-aimée
M'apparaît ſous ſes cheveux d'or,
Porté par la briſe embaumée,
Je trouverai bien mon tréſor!

Bon ange, prête-moi tes ailes,
Tu sais bien où je veux aller.
C'est vers les amours éternelles
Qu'avec toi je veux m'envoler!

21 décembre 1876.

DÉCEMBRE

Le ciel est noir, la terre est blanche,
Décembre *ramène l'hiver,*
Les oiseaux désertent la branche,
De neige le toit est couvert!

On entend gronder l'avalanche
Dans le gouffre toujours ouvert;
Du pauvre la tête se penche
Et son pain lui paraît amer;

Les jours sont plus courts & plus sombres;
Pour chasser tant de noires ombres
Quand donc reviendra le soleil?
. . . .

Décembre fuit, Noël *arrive,*
Le Sauveur paraît sur la rive,
C'était la nuit, c'est le Réveil!

24 décembre 1876.

A MA SECONDE MÈRE

Le martyre eſt fini, l'Eternité commence,
ELLE voit les Soleils qui ne ſe couchent pas;
Le Seigneur l'attendait avec la Récompenſe,
Les pleurs ſont faits pour nous qui reſtons ici-bas!

Eh bien! pleurons enſemble & ſouvenons-nous d'elle,
Souvenons-nous d'un cœur comme il n'en fut jamais;
Elle doit nous entendre, & ſon âme immortelle
Écoute encor nos pleurs dans l'éternelle paix!

O toi, dont la bonté conſolait tout le monde,
Ame de charité, de tendreſſe & d'amour,
Tu l'as trouvée enfin cette ſource profonde,
Si vainement cherchée au terreſtre ſéjour!

Tant que tu fus rivée à l'humaine miſère,
Ton cœur fait pour aimer, n'avait pu que ſouffrir,
Mais le céleſte amour n'eſt point cette onde amère
Toujours mêlée aux pleurs, toujours prête à tarir!

Oh! déſaltère-toi dans ces ſources de vie,

Dont rien ne peut troubler la limpide clarté,
Et nous, qui te ſavons dans le Ciel, ta Patrie,
Nous ſerons conſolés ſi ton âme ravie
Peut aimer ſans ſouffrir, *& pour l'Éternité!*

3 janvier 1877.

LES PAROLES ROYALES

Monſeigneur *a parlé : C'eſt la voix de la France!*
Il ſemble qu'un rayon vient de percer la nuit,
Chacun ſent dans ſon ſein palpiter l'Eſpérance,
Sent que la Foi renaît, & que le Mal s'enfuit!

Écoutons cette voix pure, auguſte, ſublime,
Qui retentit ſoudain, comme un écho du Ciel,
Et venons tous à lui, qui vient fermer l'abîme, —
Comme l'enfant prodigue au foyer paternel!

Saluons ce Drapeau qui dans ſes plis ſans tache,
Seul peut rendre au pays le ſalut & l'honneur,
Digne du Béarnais, dont brillait le panache
Au plus fort du danger, ſans reproche & ſans peur!

Oh! ſi chacun ſavait que la France iſolée
Aux conſeils ſouverains peut parler par ſa voix,
Oh! comme la Patrie, aujourd'hui déſolée,
Acclamerait le nom du Fils de tant de Rois!

. . . .

Eſpérons tous, prions! Ecoutons ſa parole,
Le Seigneur l'entendra dans le firmament bleu;
Et que de nos malheurs tout Français ſe conſole,
*Car on entend déjà ſonner l'*heure de Dieu!

7 mars 1877.

ODI PROFANUM VULGUS ET ARCEO

Quand parfois accablé des épreuves du ſort,
Penſif et douloureux je rentre dans moi-même,
J'ai des accès d'orgueil, je prie & je blaſphème,
Et je me dis penſant au déclin, à la mort :

Non ! tu n'es pas coulé dans le moule ordinaire !
Un jour viendra, ce jour ardemment ſouhaité,
Dont tu rêves parfois ſous ton toit ſolitaire,
Comme au mois de Décembre on penſe aux jours d'été.

Tel que ton maître Horace, écartant le vulgaire,
Tu ne peux le haïr ! Le grand poëte ancien
N'avait pas vu briller le miracle chrétien !
Cette voix qui diſait au Sicambre, au ſuperbe,
Courbe ton front, je ſuis ton Dieu, je ſuis le Verbe,
Et ſi grand que tu ſois, près de moi tu n'es rien.

26 avril 1877.

A E...

Je m'étais levé ce matin,
Heureux, le cœur plein d'eſpérance ;
Parmi la roſée & le thym,
J'allais oublier ma ſouffrance !

Pas de nuage à l'horizon,
Ciel pur & briſe careſſante,
L'écho d'une douce chanſon
Berçant l'oreille frémiſſante !

Il me ſemblait qu'à l'Orient,
Comme une vierge demi-nue,
M'apparaiſſait en ſouriant
L'aurore, tranſperçant la nue ;

Mais comme font les douces choſes,
Prenant ſon vol vers l'Infini,
Diſparut la Fée aux doigts roſes,
Et mon beau rêve était fini !

En vain, du ſouffle de mon âme

J'ai tenté de le ranimer ;
Quand s'éteint l'amour d'une femme,
Nul ne ſaurait le rallumer ;

Elle ſaigne encor la bleſſure
Qu'elle m'a faite ce jour-là ;
Si vous voulez voir ſa morſure,
Ouvrez-moi le cœur, la voilà !

INVOCATION

Mon cœur découragé ne s'intéresse à rien,
L'horizon m'apparaît couvert d'un sombre voile,
Je hais toujours le mal, je voudrais croire au bien,
Et je lève les yeux pour trouver une étoile !

C'est que l'automne, hélas ! a suivi le printemps,
C'est que tu n'es plus là, sève de la jeunesse,
C'est que je ne dois plus boire ta chaude ivresse
Qui nous fait oublier la douleur & le temps !

Que faire, où reporter ces élans d'espérance
Que n'a pu de mon cœur arracher la souffrance ?
Comment rendre à l'hiver la chaleur de l'été,
Comment renaître enfin après avoir été !

. . . .

Je sais qu'il faut chercher une nouvelle terre
Qui doit nous apparaître avec de nouveaux cieux,
Où le plus malheureux oublira sa misère,
Où brille sans nuage un soleil radieux !

Oui, je vois ce ciel pur, cette paix que j'envie,
Mais donne-moi, mon Dieu, la force de ſouffrir,
Et le détachement des choſes de la vie,
Car pour aller à toi, Seigneur, il faut mourir !

18 août 1877.

LA VEILLE DU DOUZE SEPTEMBRE

A MADAME HENRY D'OBLER

C'eſt ce ſoir, c'eſt demain le ſombre anniverſaire,
Nos cœurs doivent s'unir pendant ces jours de deuil;
Le vôtre, je le ſais, eſt le cœur d'une mère,
Mais le mien bat toujours quand je penſe à mon frère
Qui près de votre enfant repoſe en ſon cercueil!

Qui donc nous aurait dit, les voyant pleins de vie,
Ardents à s'immoler pour l'honneur du pays,
Que la Mort, envieuſe & jamais aſſouvie,
Briſerait leurs printemps, à peine épanouis?...

Ils couraient tous les deux aux ſanglantes mêlées,
Forts, vaillants, réſolus à combattre, à ſouffrir,
Pour la France oubliant leurs mères déſolées,
Et plus fiers que jamais quand il fallut mourir!
. . . .

Dans le deuil glorieux que ce jour nous rappelle,

Recueillons en ſilence un ſi pur ſouvenir,
Arroſons de nos pleurs la couronne immortelle,
Le Temps ſur ces deux fronts n'oſera la flétrir!

11 ſeptembre 1877.

LA FOI DU CHARBONNIER

Charbonnier, ta foi c'eſt la mienne!
Reſte maître dans ta maiſon,
Et de nous tous quoi qu'il advienne,
Le charbonnier aura raiſon!

Ceux qui le raillent quand il prie,
Qui lui diſent : « On t'a menti... »
Dans leur blaſphème ou leur folie,
N'ont pas vu ce qu'il a ſenti.

Dans cette cave humide & noire
Où le charbon vole en éclats,
Brille la lueur qui fait croire
Et rend vainqueur des durs combats!

Ses yeux ont vu cette étincelle
Eclairant un ciel radieux,
Où dans la ſplendeur éternelle
Renaîtront les hommes pieux!

Pourquoi voulez-vous qu'il comprenne?

Il faut bien briser le charbon,
Pour que se remplisse la benne
Et s'illumine l'horizon!

Courage, ami, travaille & prie,
Tu ne seras pas le dernier;
Ton Dieu, c'est celui qui n'oublie
Ni l'enfant ni le charbonnier;

Ton Dieu, c'est le mien, c'est le Père,
C'est Celui qui nous aima tant
Que pour nous sauver de la terre
Il nous a donné son Enfant.

Crois en Lui; ton humble prière
Est entendue au firmament,
Et bientôt ta noire poussière
Va se changer en diamant!

14 octobre 1877.

VOIX D'UN SOIR

Lorſque nous avons quitté la campagne,
C'était par un ſoir doux & radieux;
Le ciel clair & bleu brodait la montagne,
Dont les noirs contours careſſaient nos yeux.

Pourtant je ſentais une peine amère,
Comme un poids trop lourd peſer ſur mon cœur,
J'appelais mon Dieu, je cherchais ma mère,
Il me ſemblait voir paſſer mon bonheur!

C'eſt qu'hélas! ma vie eſt un jour d'automne,
Dont le lendemain eſt plus court encor;
Arbre chancelant qui voit ſa couronne
Dépouillée au vent de ſes feuilles d'or!

Je ſens que l'hiver s'avance & menace,
Chaſſant devant lui les derniers beaux jours,
Et que, ſans pitié, ſon haleine glace
Juſqu'au fond des cœurs les tendres amours!

Qui peut réſiſter à la ſaiſon dure?...

Ce ſont les heureux, ce ſont les vaillants,
Les jeunes à qui la mère Nature
Dit : « Je ſuis à vous, vivez, mes enfants ! »

Mais lorſque pâlit le flambeau de vie,
Dans le cœur vieilli quand l'eſpoir s'éteint,
La feuille qui tombe & la fleur flétrie
Semblent murmurer l'arrêt du Deſtin,

Et dire au Poëte : « On dort ſous la terre
« Où la feuille tombe, où paſſe la fleur ;
« Cherche ailleurs la ſource où ſe déſaltère
« Cette ardente ſoif qui brûle ton cœur ! »

« Veux-tu donc revoir l'hiver triſte & ſombre,
« Le foyer ſans feu d'où s'enfuit l'amour ;
« Oh ! viens avec nous repoſer dans l'ombre
« Que le pur ſoleil doit percer un jour !

Novembre 1877.

A ALFRED DE MUSSET

Quand on reproche au grand Muſſet
D'avoir bu parfois de l'abſinthe,
Ce qu'il ſouffrait, nul ne le ſait;
Qui donc peut l'accuſer ſans crainte?

Hélas! l'ivreſſe à l'opprimé,
Au malheureux, traînant ſa peine,
Rouvre parfois le ciel fermé
Au fond de la coupe encor pleine!

Ce n'eſt qu'un inſtant, il eſt vrai;
Mais celui qui, ſans eſpérance,
Réchauffe ainſi ſon cœur navré,
Enfin peut noyer ſa ſouffrance!

Celui-là, ne l'accuſez pas;
Il n'eſt pas permis d'en médire,
Et qui le condamne ici-bas,
N'a jamais connu ſon martyre!

Il ſouffre, il veut tromper le ſort,

Il a vu fuir, troupe légère,
Tout ce qu'il aimait, puis la mort
Apparaître enfin, la dernière!

La mort! Honneur à qui l'attend
D'un cœur ferme que rien n'abaisse;
Pitié pour celui qui dépend
De son verre ou de sa maîtresse!

O Poëte! j'ai partagé
Les douleurs de ton agonie;
J'ai vu de près la calomnie!
Mais toi, ta Muse t'a vengé,
Et ceux qui t'avaient outragé,
Rougissent devant ton génie!

21 novembre 1877.

PENSÉES D'UN MALADE

A MA MÈRE

— « Quand on souffre, que faut-il faire
Pour se guérir? »
— « Enfant, m'a répondu ma mère,
Savoir souffrir! »

Contre les maux la Patience
Vaut tout autant
Que des médecins la science
Qu'on vante tant!

Hélas! pour le pauvre malade
Qui s'y soumet,
Chaque remède est chose fade
Et sans effet;

Mieux vaut suivre de la Nature
Le bon conseil,
Attendre sous la couverture
Le doux sommeil!

La Tendreſſe & l'Expérience,
Deux bonnes ſœurs,
Veillent mieux près de la Souffrance
Que les Doćteurs;

Et ſi Dieu veut rendre la vie
Au patient,
La Convaleſcence bénie
Sur nous deſcend.

Mais à nul, pouvoir n'eſt donné
De nous guérir;
Il faut, quand l'inſtant a ſonné,
Savoir mourir!

1er décembre 1877.

A MON AMI L. DE C.

N'eſt-ce pas que l'Adverſité
Ne fut jamais une ennemie,
Que toujours, quand on a lutté,
Reparaît la Fortune amie?

A toi, Léonce, quelques vers
Tombés de mes jours de ſouffrance;
Ils te diront qu'en mes revers
J'ai revu mon ami d'enfance!

C'était lui, rien n'était changé,
Même grâce & même ſourire,
Et c'eſt toi qui m'avais vengé
Des méchants que je laiſſe dire!

Avec toi j'avais retrouvé
Le port du naufragé, la plage
Où le matelot dit: Ave!
En abordant au gai Cottage.

Alors, je me ſuis ſouvenu

D'avoir jadis connu ta mère,
Près de qui fut le bienvenu
Le malheureux qui désespère ;

Et son ombre à mon cœur blessé
Disait de sa voix douce & tendre :
« Dieu nous console du passé,
« Léonce est là, sachez attendre ! »

Et j'ai revu le doux sourire
Qu'elle donnait aux affligés,
Et j'ai senti, dans mon martyre,
Que mes maux étaient partagés !

3 décembre 1877.

EN QUITTANT LA CAMPAGNE

O Rus, quando ego te aſpiciam.

Je dis avec Horace : O campagne chérie!
Toi qui, ſans mendier, peux nourrir tes enfants,
Quand donc te reverrai-je, ô féconde Patrie,
Qui fais le cœur robuſte & les fronts triomphants?

Hélas! l'hiver me tue, & mon être débile
Sent bien que ſa carrière eſt finie ici-bas.
C'en eſt donc fait! Je vais mourir en inutile,
Sans laiſſer ſur le ſol la trace de mes pas!

Pourtant j'ai dans mon cœur une ambition haute
Dont l'élan comprimé par un deſtin fatal
Se demande parfois ſi c'eſt bien par ma faute
Que j'ai ſi vainement cherché mon idéal!
. . . .

Seigneur, apaiſe ma ſouffrance,
Répands ta force dans mon cœur;
O mon Dieu! rends-moi l'Eſpérance,
Et je te reviendrai vainqueur!

Tu me pardonneras, ſans doute,
Toi qui ſais ce que j'ai ſouffert,
Et ton pur ſoleil ſur ma route
Me montrera le ciel ouvert!

Et le printemps, après l'abſence,
Me ramènera pour chanter
Et la campagne & l'eſpérance,
Un double port pour m'abriter!

3 décembre 1877.

A MES COLLÈGUES DU *QUINZE* *

L'an dernier, au même moment,
Chacun de nous, plein d'espérance,
Trouvait le Quinze *un jeu charmant;*
Puis, tout bas, priait sainte Chance

De lui donner le plus souvent
Un cinq *superbe ou même un* quatre,
Sur qui très-favorablement
Figure ou dix viendrait s'abattre!

Cette fête était ravissante,
Et, parfois, quelques affidés,
Voyant surgir l'aube naissante,
Rougissaient de s'être attardés!

Mais dame Fortune ressemble
Au dictame ou bien au poison,
Et la voilà qui nous rassemble
Pour venir mordre à l'hameçon!

* Jeu à la mode en 1876-77, au cercle du *Divan*, à Lyon

Hélas! le Jeu, c'est l'Espérance,
C'est la sirène aux noirs contours,
La chatte, jouant l'innocence,
Qui nous fait patte de velours;

Ou bien, c'est la naïade blonde,
Au corps souple, aux airs langoureux,
Qui soudain disparaît sous l'onde
Et qu'il faut saisir aux cheveux!

Mais, parfois, son double visage
Nous laisse voir un œil si doux
Et nous chante un si pur ramage,
Qu'on voudrait tomber à genoux!

Messeigneurs, mettons-nous en garde!
A l'ingrate faisons la cour,
Et ne plaignons pas qui s'attarde,
Si près d'elle il attend le jour!

6 décembre 1877.

FIN D'ANNÉE

Je n'ai pour me désennuyer
Qu'un fort gros compte,
Urgent, mais pénible à payer,
Sans nul escompte!

Hélas! que les temps sont changés,
Et quel abîme
Sépare des biens partagés
L'ancien régime!

Quand par malheur un créancier
Vient à paraître,
On ne peut plus le renvoyer
Par la fenêtre;

Désormais, par le droit nouveau,
Et sans réplique,
On doit dire: « Comme c'est beau,
La République! »

Mais pour que chacun soit sujet

Du bonnet rouge,
Elle refuſe le budget
Et puis n'en bouge;

Et ceux qui prétendaient compter
Sur quelque argent,
Sont des drôles qu'il faut traiter
Sans agrément.

. . . .

En ſingeant les ariſtocrates
Qu'ils bafouaient,
Ils ont prouvé, nos démocrates,
Qu'ils ſe jouaient,

Eux, les purs tribuns, les auſtères,
De la vertu,
Et qu'ils laiſſeront nos miſères
Sans un écu!

Juſqu'à quel point, ô chère France
Qu'on mène à mal,
Pouſſera-t-il ta patience;
Cet animal,

Ce Gênois, ce Fontanaroſe,

Fuyant partout,
Peignant la République en rose,
Et puis, surtout,

Evitant de rendre ses comptes
Par la raison
Qu'ils lui causeraient des mécomptes
Et la prison!

13 décembre 1877.

EN PENSANT A UNE MORTE

Lorſque cette âme s'eſt éteinte,
Ce fut comme une obſcurité,
Car c'était une flamme ſainte
Qui rentrait dans l'Éternité !

Elle avait brûlé ſur la terre
Pareille à l'encens ſur l'autel,
Rempliſſant ſon ſaint miniſtère
Les yeux toujours fixés au ciel.

Se conſumant dans la ſouffrance
Que l'homme ne peut ſupporter,
Elle ſavait que l'Eſpérance
A des ailes pour l'emporter !

Elle a retrouvé la patrie
Où jamais le jour ne s'enfuit ;
Et, nous, attachés à la vie,
Nous voyons s'aſſombrir la nuit !

24 décembre 1877.

PREMIÈRE COMMUNION

A MADEMOISELLE HÉLÈNE DE C.

Mon cœur, qui ſuccombe à la peine,
Hier, s'eſt ſenti conſolé,
Et c'était une pure haleine
Qui ſur mon cœur avait ſoufflé;

Car je me trouvais à l'égliſe
Où Dieu raſſemble ſes enfants,
Où la grâce, à chacun promiſe,
Touche les bons & les méchants!

Et quand retentit dans l'enceinte
La voix pieuſe du paſteur,
Je penſais à la Table ſainte
Où demain ſera votre cœur;

Et je priais Dieu que la vie
Réſerve à votre doux printemps,
Hélène, les biens qu'on envie
Quand ſont paſſés les jeunes ans!

. . . .

Enfant, que votre front s'abaisse,
Du Sauveur adorant les lois,
Gardez la foi de la jeunesse,
Croyez au Dieu mort sur la croix!

24 décembre 1877.

LA VEILLE DE NOEL

Oh! ne médisons de personne,
Epargnons même l'ennemi ;
Ecoutons la cloche qui sonne
Dans les hauteurs de l'Infini !

Ecoutons la bonne Nouvelle,
Annonçant le divin Sauveur,
Apportant la vie éternelle
A celui qui donne son cœur ;

Enseignant à celui qui doute,
Perdu dans le chemin obscur,
A se conduire sur la route
Où paraît l'éternel azur !

. . . .

Lorsque dans un temps poétique
Le monde écoutait, suspendu,
Sonner dans le dôme gothique
Le réveil par l'homme attendu ;

Une Foi pieuse & sincère,
La Foi qui ne demande pas
L'explication du mystère
Que nul ne découvre ici-bas,

Répétait de sa voix sonore :
« Paix à la bonne volonté ;
« Pour les bons, la nuit c'est l'aurore,
« Pour les méchants l'éternité ! »

Tandis que ces accents sublimes
Faisaient battre tout cœur mortel,
On voyait resplendir les cimes
Des clochers qui montent au ciel.

Aujourd'hui que chacun pardonne,
La voix haute de l'Eternel
A retenti ; la cloche sonne,
Répondons tous : « Noël, Noël !!! »

24 décembre 1877.

A MES AUDITEURS

Meſdames & Meſſieurs, c'eſt une forte ſcie
Pour vous tous d'écouter la fade poéſie
Que l'auteur avait cru, dans ſon illuſion,
Digne d'être ſoumiſe à votre attention!

Mais puiſque votre aimable & chère courtoiſie
A voulu ſe prêter à notre fantaiſie,
Laiſſez-moi tout d'abord vous demander pardon
Si parmi tant de vers il n'en eſt pas un bon!

Pardonnez à celui qui chante
Ce qui ne vaut pas d'être dit,
Car ſa verve n'eſt pas méchante
Et de perſonne il n'a médit.

Décembre 1877.

TRISTESSE

Quand je penſe aux jeunes années
Qui, ſemblables aux fleurs fanées,
Sous la faux du Temps ont paſſé,
Je me demande ſi la vie
N'eſt qu'une ſoif inaſſouvie,
Un rêve à peine commencé?

Et je doute de la Jeuneſſe,
Qui me verſait la fauſſe ivreſſe
Dans la coupe de mes vingt ans,
Et pourtant mon âme altérée
La rappelle, déſeſpérée
De voir s'éloigner le Printemps!

Oui, parfois je voudrais encore
Entendre ton appel ſonore,
O Jeuneſſe, fée aux doux yeux,
Dont la voix charmait mes oreilles,
Et qui, ſœur des blondes abeilles,
Verſais le miel délicieux!

Mais, hélas!... Saiſon bien-aimée,

Brise tiède, fleur parfumée
Passent rapides comme l'air,
Et comme font les hirondelles,
Abandonnant à tire d'ailes
Tout ce qui ressemble à l'hiver.

Janvier 1878.

DÉSILLUSION

Seigneur, élève ma penſée,
Que ſur les ailes de la Foi
S'envole mon âme oppreſſée
Qui voudrait monter juſqu'à toi!

Sur cette terre où tout s'efface,
Où l'amour paſſe, où l'eſpoir ment,
J'ai ſenti, j'ai vu face à face
Ce que peut valoir un ſerment!

J'ai pleuré des larmes amères
Lorſque j'ai ſenti de ma main
S'échapper la douce chimère
Qui me berçait d'un lendemain!

14 janvier 1878.

A MON FRÈRE

Frère, tu te ſouviens encore
Du temps où je chantais l'aurore
Qui ſe levait ſur ton bonheur ;
Où, roſe à peine épanouie,
A tes yeux apparut Marie *,
Comme le printemps dans ſa fleur !

Aujourd'hui, tout eſt triſte & ſombre,
Et l'hiver glace de ſon ombre
La nature & nos cœurs en deuil ;
L'heure de la joie eſt paſſée,
Et la charmante fiancée
N'a d'autre lit que le cercueil.

Cher frère, il n'eſt point de parole
Qui d'un tel chagrin nous conſole,
Ami, laiſſe couler tes pleurs ;
C'eſt la ſource divine & pure

* *Voir* HEURES DE TRISTESSE, *Rêves d'Antan*, VI.

Qui le mieux panse la blessure
Des intarissables douleurs.

Tes larmes, comme une rosée,
Rendront à ton âme apaisée
Le frais souvenir du matin;
Frère, levons les yeux ensemble
Vers la Patrie où Dieu rassemble
Ceux qu'a séparés le destin!

Mais tant qu'attachés à la terre,
Nous traînerons notre misère
Au milieu des espoirs déçus,
Pleurons, pleurons notre beau rêve,
Et prions tous pour qu'il s'achève
Aux tabernacles inconnus!

10 février 1878.

APRÈS UNE LECTURE

(*Ludibria ventis*)

A G. C...

Ce ne ſont point feuilles légères,
Ainſi qu'en emporte le vent,
Ce ſont douces fleurs printanières
Qui s'ouvrent au ſoleil levant.

Bon courage, ô jeune poëte,
Ta muſe parle net & franc.
A l'orage il faut faire tête
Et la Foi ſeule nous défend!

Elle parle haut dans ton âme
Et vibre dans tous tes accents,
Pareils à cette pure flamme
Dont ſur l'autel brûle l'encens!

Suis la trace de Lamartine,
Il eſt ton maître, il eſt le mien,
C'eſt lui qu'une muſe divine
A créé poëte & chrétien!

La route qu'il a traversée
Brille comme un phare ici-bas;
Et toujours pure est sa pensée,
Et sa foi ne se dément pas.

Levons les yeux vers l'auréole
Dont ce front est illuminé,
Aimons la Muse qui console
Et dont le mal s'est détourné.

Si chacun doit suivre sa voie,
Si nul n'est sûr du lendemain,
Aux inconnus c'est une joie
De suivre le même chemin.

Mars 1878.

RÉPONSE DE G. C...

Il eſt des heures dans la vie
Où le plus croyant a douté;
L'illuſion nous eſt ravie,
Nous voyons la réalité,

On s'arrête alors ſur la route,
On ſuſpend ſon luth aux buiſſons;
L'eſprit, obſédé par le doute,
Dit : « Poéſie, amour... chanſons ! »

On voit ſes rêves de jeuneſſe
S'évanouir à chaque pas...
Ce ſont des heures de triſteſſe,
Ami, ne les connais-tu pas?

Je traverſais cette heure triſte;
Je doutais du monde & de moi;
Et dans un accès égoïſte,
Je me diſais tout bas : Pourquoi?

Pourquoi chanter? La poéſie

N'est qu'un stérile amusement :
Mon âme se sentait, saisie
D'un profond découragement.

Mais tu me parles, ô poëte,
Et ta main vient presser ma main...
Merci, je relève la tête
Et vais reprendre mon chemin.

Montons aux régions sereines,
Aimons le vrai, le bien, le beau;
Pour dissiper les ombres vaines,
La Foi nous prête son flambeau.

Suivons dans la voûte infinie
Lamartine, guide immortel,
Et sur les ailes du Génie
Laissons-nous emporter au ciel.

L'HIVER

L'Hiver, c'est pour moi l'ennemi ;
Cependant quand verdit la plaine,
Quand du printemps la douce haleine
Revient pour adoucir ma peine,
Je lui donne un adieu d'ami.

Mais, quand je vois tomber la neige
Sur l'humble toit qui me protége,
Je songe aux malheureux sans pain,
Sans asile, sans feu, qu'assiége
Ou le froid, ou l'âge ou la faim !...

Hiver ! pitié pour ceux qui pleurent,
Qui vont tomber sur le chemin ;
Hiver, grâce pour ceux qui meurent,
Et dont les enfants qui demeurent
N'auront plus de père demain !

Accomplis l'œuvre naturelle,
Hiver, ne sois pas l'ennemi,
N'attarde pas l'oiseau béni,

Laisse revenir l'hirondelle
Qui voudrait rebâtir son nid!

En entendant battre son aile
Je te donne un adieu d'ami,
Fais place à la saison nouvelle,
La nature est seule immortelle,
Hiver, ne sois pas l'ennemi!

6 avril 1878.

A MON FILS

Veder Napoli, poi morir.

Ce qu'il faut à l'âme navrée,
Ce n'eſt pas la plage adorée
Où l'on voit Naples ſe mirer ;
Ce n'eſt pas ce beau ciel que dore
Le premier rayon de l'aurore,
Que l'univers vient admirer !

Avoir près de ſoi ceux qu'on aime
En eux ſe retrouver ſoi-même,
Les entendre dans la maiſon,
Voilà ce qui charme & conſole,
Leur voix c'eſt la douce parole,
Leur préſence tout l'horizon ;

Quand un monde ingrat me dédaigne,
Que de l'injure mon cœur ſaigne,
Je peux ſupporter mon martyr ;
Mais, toute force m'abandonne,
Je demande à Dieu qu'il pardonne,
Enfant, lorſque tu dois partir !

Ce n'est pas aux fêtes vantées,
Par moi jadis trop fréquentées,
Que j'irai chercher le plaisir.
Sais-tu, cher enfant, ce qu'espère,
Ce que demande à Dieu ton père?
« Te revoir avant de mourir! »

28 avril 1878.

VATES

SONNET

Le poëte a des visions,
Parfois une muse inconnue
Vient le charmer d'illusions
Qui bercent son âme ingénue,

Et tout ébloui des rayons
Eclairant la plage entrevue,
De l'or il cherche les filons
Qui se dérobent à sa vue!

Son cœur bat! il ne peut douter,
Quelque part doit exister
Cette terre à ses vœux promise,

Mais pour l'atteindre, il faut monter,
Et la Foi peut seule emporter
Son âme que la douleur brise!

29 avril 1878.

SONNET

Puiſque le Temps, ce grand faucheur,
Ne nous a pas dit ſon myſtère,
Puiſque tout rêve de bonheur
Doit s'évanouir ſur la terre,

Qu'ici-bas en vain l'on eſpère,
Qu'à chaque pas naît la douleur,
Comment de l'humaine miſère
Pouvoir ſonder la profondeur?...
. . . .

Dans l'abîme où bouillonne l'onde,
Gardons-nous de jeter la ſonde :
Levons nos regards vers le ciel,

Où, plus haut que la nue obſcure
Apparaît la viſion pure,
Reſplendit le rêve éternel!

17 mai 1878.

L'ARBRE

Avoir des racines profondes
Promettant un long avenir,
Et que de ſouterraines ondes
Viennent, quand il faut, rafraîchir,

C'eſt ton ſort, Arbre que j'envie,
Car tu peux braver les hivers,
Et ta ſève monte ravie
Au ciel où s'élancent mes vers!

Moi, je meurs, & tes deſtinées
Te feront refleurir longtemps;
Mais l'âme brave les années,
L'Eternité n'eſt pas le temps!

28 juin 1878.

A MON FRÈRE

Henry, c'eſt ton jour de naiſſance,
Et je t'adreſſe tous mes vœux,
Pour que la Joie & l'Eſpérance
Sur ton chemin tombent des cieux!

Cher frère, qu'une longue vie
Vienne couronner ton effort,
Et que ton œuvre pourſuivie
Puiſſe enfin arriver au port;

Qu'autour de toi, longtemps encore
Tu puiſſes voir, groupe joyeux,
Ces enfants que ton cœur adore,
Vivre tous, bien aimés, heureux!

Puiſſe pour toi la pâle automne
Réſerver ſes jours les plus doux,
Et les beaux fruits de ſa couronne
Incliner leurs branches ſur vous!

. . . .

Mais alors si ton cœur de père
Sourit à ces jeunes bonheurs,
Ami, souviens-toi de ton frère
Qui pense à toi, les yeux en pleurs!

13 juillet 1878.

KULTURKAMPF

Il s'est brisé contre les âmes,
Le grand Prince & l'Homme de fer,
Il a suffi de simples femmes,
Croyant à Dieu, même à l'Enfer.

Sa Superbe s'est abaissée,
Et la loi conçue à Warzin,
Ainsi qu'une flèche émoussée,
Va tomber sans force à Berlin!

C'est qu'il n'est qu'une force vraie,
Que jamais le temps n'émoussa,
Qui du bon grain chasse l'ivraie,
Celle *qui mène à Canossa!*

17 août 1878.

DERNIÈRE LUTTE

O mort, je ſens que tu m'approches,
Et ton aile s'étend ſur moi.
Je crois les entendre, les cloches
Sonnant au ſiniſtre beffroi.
Salut, ô mort, & bienvenue,
Si par toi je ſuis délivré!
Je n'aurai pas peur à ta vue,
Où tu voudras je te ſuivrai.
Les morts, n'eſt-il pas vrai, vont vite?
M'épargnant le temps de ſouffrir,
Tu m'emporteras à ta ſuite
D'où l'on ne doit plus revenir.
Qu'attends-tu pour prendre ta proie?
Je ſuis à toi, tu le ſais bien;
Ne ſavoure pas trop ta joie,
Un jour de plus pour toi n'eſt rien;
Pour moi, c'eſt un jour d'agonie!
Au ſeuil ceſſe donc de heurter!
Ah! délivre-moi de la vie,
Et dans tes bras viens m'emporter!

27 ſeptembre 1878.

TABLE

S·IOANNES·
IN PRIN CIPIO
ERAT VER BVM

www.ingramcontent.com/pod-product-compliance
Lightning Source LLC
LaVergne TN
LVHW010001230826
846092LV00002B/586